AF330602

LA
RÉPUBLIQUE
AU
POLE NORD

PAR

ERNEST BOTTARD

Ancien élève de l'École polytechnique

CHATEAUROUX

TYPOGRAPHIE ET STÉRÉOTYPIE A. NURET ET FILS

72, RUE GRANDE, 72

1880

LA
RÉPUBLIQUE

AU

POLE NORD

PAR

ERNEST BOTTARD

Ancien élève de l'École polytechnique

CHATEAUROUX

TYPOGRAPHIE ET STÉRÉOTYPIE A. NURET ET FILS

72, RUE GRANDE, 72

—

1880

LA RÉPUBLIQUE

AU

POLE NORD

Vers le commencement de juin de l'année 1856, un grand et beau vaisseau, le *Navarin*, entrait majestueusement dans le port de Toulon. Sur le pont de ce navire, debout, tête nue, marins, artilleurs, fantassins, saluaient avec enthousiasme, avec attendrissement, les rivages bénis de notre belle France. Tous, après de longs mois d'absence, revenaient gaiement dans leurs foyers. Quelques bourgeois, quelques flâneurs se trouvaient sur le quai au moment du débarquement, et accueillaient avec plaisir ces braves gens qui, dans les plaines de Crimée, avaient tenu si haut et si ferme le drapeau français ; mais nul cri, nulles acclamations enthousiastes ne se faisaient entendre. Nos soldats avaient fait leur devoir, la victoire avait couronné leurs efforts, on leur en savait gré, et la plupart des spectateurs sentaient que, placés dans les mêmes circonstances, ils auraient fait et agi comme eux. On était alors quelque peu patriote, chauvin si vous voulez, on respectait le drapeau, on avait le courage de le dire et de l'avouer franchement. Susciter la guerre civile, tirer sur nos troupiers, quand les Prussiens victorieux entouraient Paris, était alors considéré comme un crime impossible. Quiconque eût osé émettre une pareille idée eût été lapidé immédiatement ou renfermé dans une maison de fous. Pouvaient-ils croire, en effet, ces jeunes officiers qui avaient triomphé avec tant d'entrain des fatigues d'un long siège, des efforts héroïques de l'ennemi, du froid, des maladies, que quatorze ans plus tard, victimes à leur tour des hasards de la guerre, vaincus, écrasés par le nombre, ils seraient conduits en captivité, après avoir éprouvé des désastres inconnus jusqu'alors. Pouvaient-ils supposer qu'à peine rendus à leur patrie humiliée, démembrée, agonisante, ils seraient obligés de reprendre les armes pour combattre, non plus l'étranger, mais des Français, qui, devant l'ennemi vainqueur et applaudissant à leurs efforts, foulaient aux pieds la France expirante. Grâce à eux, cette France est encore debout, et pour prix de leur dévouement, on les a traités de lâches et de capitulards.

Bien plus, ce même vaisseau, ce *Navarin,* ramène, aujourd'hui 20 septembre, 400 de ces braves communards et une population enthousiaste se porte à leur rencontre, les salue de ses acclamations, les accueille avec frénésie, leur serre les mains avec transport, et leur promet places et honneurs pour prix du crime abominable qu'ils ont commis. Les temps que nous avions prédits, sans y croire nous-même, seraient-ils donc déjà arrivés? Pour être député, peut-être sénateur, faudra-t-il avoir été communard, avoir couvert de boue le drapeau français? Le patriotisme serait-il mort? Amour de la Patrie et République seraient-ils deux idées inconciliables ? Que l'on vienne nous dire maintenant que les masses radicales portent dans leur sein l'avenir du monde civilisé, que l'on vienne nous parler de leur sagesse et de leur intelligence ! Quand on acclame des bandits qui ont mis la France à deux doigts de sa perte, de deux choses l'une, ou l'on est atteint de folie furieuse, ou l'on a perdu tout sentiment d'honneur, d'honnêteté, de loyauté. Une nation ne peut vivre dans de pareilles conditions, il faut qu'elle meure ou qu'elle sache imposer silence à des énergumènes pour lesquels l'amour de la Patrie, le respect du drapeau, ne sont plus que des vieilleries, que des mots vides de sens. Il faut que l'opinion publique, puisque nos gouvernants ne savent ou ne peuvent empêcher ces manifestations impies, se prononce hautement et imprime une tache de déshonneur sur tout Français qui osera serrer la main d'un de ces hommes qui, en 1870, ont assassiné les otages, brûlé Paris, et qui plus encore se sont faits les alliés des Prussiens. Cela viendra, devant ce dernier outrage la France a tressailli, le réveil est proche.

Voulez-vous que nous vous fassions un rapprochement encore plus terrible. La veille même du jour où le *Navarin* revenant de Crimée nous débarquait à Toulon, un soldat épuisé par les fatigues de cette rude campagne mourait à bord. Le lendemain, quelques officiers et plusieurs de ses camarades l'accompagnaient silencieusement à sa dernière demeure. Le 29 septembre 1879, succombait à l'hôpital de la Pitié le citoyen Dethourme, nouvellement amnistié ; dix mille personnes suivaient son convoi, et des discours étaient prononcés sur sa tombe comme sur celles des grands hommes. L'un, honnête et vaillant soldat, était tombé pour ainsi dire sur le champ de bataille ; l'autre avait pris part à toutes les horreurs de la Commune. Le premier est mort presque oublié, le cercueil du second a été porté en triomphe et son nom a été glorifié.

Comparez maintenant, républicains modérés ! Dites-nous, républicains honnêtes, si vous ne sentez pas le rouge de la honte couvrir votre visage, s'il n'est pas temps enfin que ces tristes spectacles, que ces démonstrations sacrilèges soient à tout jamais flétris par ceux qui portent encore dans le cœur et le sentiment de l'honneur et l'amour de la Patrie.

Mais quittons ce pénible sujet et revenons au *Navarin.* Le débarquement des passagers ne fut pas long, leur bagage était léger et tous avaient hâte de sentir la terre ferme sous leurs pieds. Pour être marin, dit-on, il faut avoir la vocation et nous le croyons sans peine. Voir pendant des mois entiers le ciel et l'eau, tourner en cercle comme un ours sur un espace de quelques mètres carrés sans être jamais bien sûr de pouvoir conserver son équilibre, n'avoir pour toute distraction que le sifflement du vent à travers les cordages, ou les manœuvres des mousses et des matelots, ma foi ! vous l'avouerez, cela n'a rien de bien attrayant. Vous mettez-vous à table, arrivent le roulis et le tangage et à peine avez-vous eu le temps d'entrevoir les mets servis, qu'il vous faut monter sur le pont prendre l'air, en proie à un malaise indéfinissable. Quant à ceux dont les entrailles restent en équilibre, ils sont sans contredit plus heureux, mais encore sont-ils obligés de surveiller verres, fourchettes, couteaux, assiettes, qui ont une propension déplorable à se séparer de leur propriétaire.

L'heure du repos vient-elle à sonner, il y a de braves gens qui s'imaginent qu'il suffit de se coucher dans un hamac et de se laisser bercer mollement par les flots. Hélas ! ces hamacs sont à des hauteurs considérables et superposés les uns au-dessus des autres par trois et quelquefois par quatre. Pour les atteindre, il faut monter, grimper, faire une gymnastique enragée. Les lieutenants, jeunes, souples, se tirent encore d'affaire, mais les capitaines, les commandants.... hélas !

Nous avions pour propriétaire de l'étage immédiatement supérieur au nôtre, un gros capitaine en second qui n'était rien moins qu'agile et qui de plus avait la manie de se coucher toujours le dernier. A peine étions-nous installé, à peine Morphée venait-il de fermer nos paupières, que nous étions réveillé en sursaut : c'était notre homme qui se livrait à des efforts désespérés pour atteindre son domicile aérien. Il se démenait comme un possédé, suait, soufflait, tout tremblait sous son poids, et malgré nos réclamations énergiques, il n'en continuait pas moins son ascension périlleuse. Souvent, au moment d'atteindre son gîte si longtemps désiré, il manquait, comme on dit vulgairement, son coup, et dans ce cas-là il se rattrapait comme il pouvait, et toujours aux dépens des locataires inférieurs qui éprouvaient des avaries plus ou moins considérables.

Enfin, quand tout le monde était casé tant bien que mal, les propriétaires des étages supérieurs pouvaient à la rigueur dormir tranquilles, mais ceux des étages inférieurs vivaient dans des transes continuelles. Quand le mal de mer faisait des siennes, il tombait de toutes les hauteurs des averses épouvantables ; c'était un déluge universel, et pas moyen ni de se fâcher ni de se garer. Ah ! quel beau métier que celui d'apprenti marin ! Il faut croire toutefois que l'on s'habitue à tout, puisque l'on voit les vieux loups de mer préférer leur navire où tout sent le goudron et le renfermé, aux plus riantes villas, aux ombrages les plus frais et les plus embaumés. Tous les goûts sont dans la nature.

Deux jours après notre débarquement, nous nous mettions en route pour rejoindre notre garnison, Besançon. De Toulon à Besançon, il y a un bon bout de chemin et quelques étapes d'une assez belle longueur, de 44 kilomètres. Dans sa munificence, le Gouvernement nous avait laissé nos bottes et même nos éperons, mais il avait eu soin, par économie et pour éviter le transport, de nous retirer nos montures. Elles avaient été vendues en Crimée, à Constantinople et aux environs. Les capitaines seuls avaient pu ramener en France les fidèles coursiers dont ils étaient les propriétaires ; quant aux lieutenants, jeunes, pleins d'avenir, ils devaient, comme le commun des mortels, faire la route à pied, et donner le bon exemple, c'est-à-dire être gais, contents, chanter, et surtout n'avoir jamais l'air d'être fatigués. Heureusement la fraternité, — principe si peu pratiqué sous notre bonne République, — était et est encore, nous l'espérons, restée en honneur parmi les officiers d'artillerie. Notre batterie et une autre faisaient route ensemble jusqu'à Besançon. Ces deux batteries comptaient en tout quatre officiers, et pour toute monture un seul et unique cheval. Quant aux autres officiers, ils étaient restés à Constantinople pour vendre nos malheureuses bêtes que nous regrettions en ce moment si amèrement. Monter tous les quatre sur ce seul et unique cheval, comme le faisaient dans l'ancien temps les quatre fils d'Aymon, n'était guère possible ; le propriétaire du quadrupède et l'animal surtout s'y seraient énergiquement opposés. Il fut donc convenu que chacun de nous à son tour chevaucherait pendant le quart de l'étape. Le destrier n'avait pas été consulté, mais il se prêta d'assez bonne grâce à cet arrangement amiable. Fêté, choyé, caressé, bourré de morceaux de sucre, il aurait eu du reste un bien mauvais caractère s'il eût agi autrement. Puis, il faut l'avouer, les bêtes sont loin d'être aussi inintelligentes qu'on veut bien le dire, l'instinct que l'on daigne leur accorder ressemble beaucoup au raisonnement. Somme toute, notre animal sentait qu'il revenait victorieux, qu'il se trouvait en pays ami, et il était comme nous tous gai, content et heureux. Ah ! comme nos hommes marchaient avec entrain ! Pas de retardataires, pas de malades, tout le monde était prêt à l'heure indiquée, on partait en chantant, on arrivait de même. Et pourtant le soleil était chaud, la route poudreuse et les étapes fort longues. Mais la victoire est le meilleur auxiliaire de la discipline. Des vainqueurs avoir mal aux pieds ! des vainqueurs refuser de marcher ! des vainqueurs entrer à l'hôpital, eux qui étaient entrés à Sébastopol ! allons donc, plutôt mourir !

Quelle différence en 1870 ! et cependant les soldats de cette belle et noble armée de Metz valaient bien ceux de Crimée.

N'importe, on ne nous ôtera jamais de l'idée que ces bons Allemands auront enfin leur tour et qu'il faudra bien, bon gré mal gré, qu'ils nous rendent l'Alsace et la Lorraine.

Quoi qu'il en soit, le rôle des officiers était facile, ils n'avaient qu'à suivre leurs hommes. Aussi nos capitaines, après quelques étapes, voyant l'entrain indicible et la bonne tenue de nos troupiers, n'hésitèrent pas à laisser le commandement des deux batteries à un seul lieutenant. Quant à eux et au lieutenant qui, la veille, avait été de service, ils montaient dans une vieille calèche ou une mauvaise carriole, suivant les ressources de la localité, menaient leur attelage à grandes guides, et faisaient leur entrée triomphale dans le chef-lieu de l'étape. On ne tirait pas le canon à leur arrivée, les jeunes filles ne jetaient pas de fleurs sur leur passage et se contentaient de leur sourire, le maire ne venait pas à leur rencontre et ne leur faisait pas l'honneur d'une harangue officielle, mais cela leur était, ma foi! bien égal. Ils dormaient certainement beaucoup plus paisiblement que nos braves gouvernants, M. Lepère et M. Ferry qui, eux aussi, voyagent en ce moment. Ils ne recevaient pas les honneurs officiels dont nos ministres actuels sont si jaloux, mais ils n'avaient pas non plus à faire adopter aux populations ahuries, ce fameux article 7, si contraire à la logique, au bon sens et à la liberté.

Dormir! posséder un lit à soi tout seul, pouvoir s'y retourner à droite, à gauche, sans craindre de le voir s'effondrer à chaque instant, c'est là une jouissance que vous n'aurez jamais, mes pauvres gens, députés, sénateurs, bourgeois, notaires, avoués, etc. Vous possédez sans doute ce meuble indispensable, mais vous ne pourrez jamais en apprécier la valeur, car vous n'avez pas fait la guerre et vous n'avez pas couché sous la tente. La jouissance résulte du contraste. On ne connaît le prix des choses que lorsqu'on en a été privé pendant longtemps ; c'est ce qui fait que les gens qui, aux yeux du vulgaire, ont toujours été heureux, sont réellement les plus malheureux.

Mêlons, toutefois, quelques notes discordantes à notre enthousiasme. Le Midi n'est pas ce que l'on peut appeler un pays modèle. On y est très républicain, nous le voulons bien, mais l'hospitalité se vend et ne se donne pas. On reçoit le soldat assez froidement ; on compte beaucoup trop sur la clémence du ciel et de la température, ce qui fait probablement que le paysan, suivant le dicton populaire, fait très volontiers le lit du troupier avec la fourche. On vit très sobrement dans ces contrées, et l'on se croit par suite en droit de ne rien ajouter au modeste ordinaire de l'hôte que le bon Dieu ou le Gouvernement vous envoie. Quelle différence de réception dans ces bonnes provinces du Nord, de l'Est et quelquefois du Centre ! Fêté, reçu à bras ouverts, le soldat est traité comme un membre de la famille, et l'on se fait un devoir, un plaisir, par mille soins, mille prévenances, de lui faire oublier les fatigues de la journée. Cependant, en ce moment, nous étions si heureux, si contents, que nous trouvions les Méridionaux charmants et sans défauts ; ce n'est qu'en nous rapprochant de Besançon que nous avons été obligés de constater que nous étions dans une contrée plus hospitalière, plus sympathique. Et puis, plus de lits habités, plus de garnison contre laquelle il faut se défendre pour rester maître de la place ; puces, punaises et autres insectes de même nature avaient à peu près disparu. Au lieu de cette cuisine infernale, composée d'aillolis, de bouillabaisse, de brandade de morue, on nous servait des mets savoureux, exquis, en usage dans tous les pays civilisés, et, ce qui était non moins agréable, des notes et des additions de maîtres d'hôtel beaucoup plus modérées. Soyons justes : malgré cela, il existe dans le Midi de riants et beaux villages, des points de vue magnifiques et même, de distance en distance, quelques habitations délicieuses avec des cours d'eau et des ombrages ravissants.

Quand nous passions le long de ces villas, nos souvenirs se reportaient vers Constantinople, que nous avons habité quelque temps à la suite d'une maladie assez sérieuse, et nous comparions naturellement.

Vous avez lu probablement, comme nous, les descriptions de ces palais enchantés que baignent les rives du Bosphore, de ces jardins peuplés de houris où les fleurs naissent sous les pas, etc., Eh ! bien, tous ces poètes, car ce sont eux qui nous ont trompés, sont d'effrontés menteurs. Accordons-leur, si vous voulez, des circonstances atténuantes, attendu qu'ils rêvent toujours, qu'ils ne sont jamais sur la terre, et qu'ils n'ont jamais été à Constantinople, mais ne croyons pas un mot de tout ce qu'ils nous racontent. Ah ! si de la Corne-d'Or, du pont d'un navire, on aperçoit la ville des sultans avec ses maisons blanches qui s'élèvent en amphithéâtre, avec ses minarets qui étincellent au soleil, le coup d'œil est féerique, c'est incontestable. Mais débarquez, entrez et parcourez la ville. Quelle déception ! Figurez-vous des rues sales, tortueuses, qui se transforment de distance

en distance en escaliers infranchissables, des maisons
en bois d'une assez triste apparence, des nuées de chiens
errants qui s'acquittent gravement de la mission que
leur ont confiée le sultan et le bon Dieu, c'est-à-dire qui
font disparaître de la voie publique une partie des dé-
tritus que l'on y jette continuellement ; puis, circulant
au milieu de ce paysage, des étrangers, des indigènes
assez malpropres, les uns vêtus à l'européenne, les autres à la turque, et vous aurez une idée de l'aspect général et peu éblouissant que présente la capitale des
croyants, la reine de l'Orient.

Le Champ-des-Morts est une promenade splendide,
Sainte-Sophie, avec son immense coupole, écrase toutes
les autres mosquées, dont quelques-unes cependant sont
fort élégantes ; le bazar, le pont de Galata, la rue de
Péra ne manquent pas d'animation ; mais voici l'ancien
sérail (Gulané). Entrons. Il était et est encore habité, si
rien n'a été changé, par les vieilles sultanes mises à la
réforme. Les jardins et le parc qui entourent le palais
sont immenses, grands comme une petite ville, et s'é-
tendent jusqu'au Bosphore. Du temps de leur splen-
deur, quand les sultans avaient la bourse pleine, les
fleurs naissaient-elles sous les pas ? C'est possible, mais
actuellement ces fleurs se sont transformées en pierres,
en racines, en herbes de toute nature. On y laissait alors
pénétrer assez facilement tous les officiers français, anglais, piémontais et probablement même tous les étrangers ; mais les portes de l'ancien palais des sultans res-
taient closes ; les vieilles matrones qui l'habitaient avaient
reçu l'ordre formel de ne pas recevoir, et, en Orient, entendre, c'est obéir. Les successeurs de Mahomet, qui ne

connaissaient pas ou qui ne voulaient pas admettre le divorce, avaient trouvé un moyen à la fois simple et expéditif de rendre leurs favorites souples et dociles. Quand l'une d'elles avait lassé la patience de son seigneur et maître, on l'introduisait dans un sac, puis, après avoir cousu ce sac avec le plus grand soin, quelques eunuques faisaient glisser la patiente sur une planche inclinée et l'envoyaient dans le Bosphore servir de pâture aux poissons. Ce procédé était sans contredit un peu radical; mais, bah! quand on a 400 femmes, il faut bien maintenir un peu la discipline! Autrement, que serait devenu le Commandeur des croyants au milieu de ce bataillon sacré? Il serait devenu fou, certainement, puisqu'une seule femme, dans nos pays dégénérés, suffit pour rendre enragé un ou plusieurs maris. La planche qui a porté ces fardeaux charmants est encore en place et en très bon état d'entretien. On la montrera aux voyageurs, et toujours aussi bien conservée, jusqu'à la consommation des siècles, absolument comme on montre au château de Blois la tache sanglante faite par le corps du duc de Guise tombant sous les coups de ses assassins. On change de pays; le climat, le langage, les costumes varient, mais les concierges usent partout des mêmes procédés.

Revenons en France et à ces riantes villas qui se montraient de temps en temps sur le parcours de notre route. Un jour, après une étape assez courte, nous fîmes notre entrée dans une jolie petite bourgade où nous devions passer la nuit. Nos grands chefs, les capitaines, furent logés dans un magnifique château qui, avec ses beaux ombrages, ses jets d'eau, ses vastes pelouses, se donnait tous les airs d'un palais ; quant à nous, pauvres lieutenants, on nous donna une résidence plus modeste. Nous aurions eu cependant mauvaise grâce à nous plaindre.

Une petite maisonnette toute blanche, toute proprette, avec des volets verts, entourée d'un vaste jardin où les roses, les géraniums, les lis, mariaient harmonieusement leurs différentes couleurs, nous fut assignée comme domicile. Le propriétaire, célibataire et ancien marin, vint nous recevoir. Son accueil fut celui d'un soldat, c'est-à-dire franc, cordial ; il nous conduisit à nos chambres, nous avertit qu'il dînait à six heures et qu'il comptait sur nous. Accepter nous était impossible ; règle générale, les officiers qui voyagent, surtout quand ils sont en petit nombre, doivent, le soir, se réunir autour de la même table. C'est le meilleur moyen d'éviter l'ennui et l'isolement,

— Je connais vos habitudes, nous dit notre hôte, mais rassurez-vous, vos capitaines vont prendre l'initiative. Les dames du château sont jeunes, jolies et aimables, et elles se croiraient déshonorées si elles ne donnaient pas l'hospitalité la plus complète aux étrangers que la Providence a la bonté de leur envoyer. Dix minutes après, en effet, une ordonnance nous apportait un pli cacheté, dans lequel nos chefs nous déclaraient avec confusion qu'ils étaient obligés de déserter pour la soirée. Ma foi ! puisqu'ils nous donnaient le mauvais exemple, tout en nous réservant le droit et le devoir de leur faire le lendemain des remontrances sévères, nous n'avions qu'une chose à faire : les imiter.

Nous étions, comme nous l'avons déjà dit, chez un

garçon. La maison était tenue d'une façon irréprochable, tout était propre, ciré, reluisant ; le jardin lui-même avait un petit air coquet et séduisant qui faisait plaisir à voir. On sentait que le propriétaire, sans être riche, jouissait d'une certaine aisance, qu'il était homme de goût, qu'il avait le bon esprit d'être satisfait de sa position, de se croire heureux, ce qui est le seul et unique moyen de l'être réellement.

Vous avez entendu parler des ménages de garçon, et souvent aussi vous avez pénétré dans les intérieurs où les dames commandent en souveraines. Eh ! bien. voyons ! mettez la main sur la conscience et répondez-nous franchement : Un mari peut-il manger à une heure déterminée ? Peut-il être sûr que sa chambre sera faite dans la matinée ? Peut-il compter sur la bonne ou sur les domestiques en général, s'il a quelques ordres, quelques commissions à leur donner ? Peut-il disposer de sa journée sans l'assentiment de madame et sans lui rendre des comptes ? A midi, à une heure même, la maison est-elle en ordre ? Non, n'est-ce pas ? En revanche, il est vrai, il a le plaisir de promener sa douce moitié, qui lui dit et lui répète sur tous les tons : « Quel ennui ! quel tracas ! Sais-tu combien il faut de soins, de surveillance, pour tenir en bon état ta maison. Ah ! mon pauvre ami, si tu venais à me perdre, que deviendrais-tu ? » Et le brave homme attendri, convaincu, serre avec effusion la main de sa compagne, et une larme vient mouiller sa paupière. Ne médisons pas trop cependant du mariage, car il a de réels avantages. Et puis, comme il est commode à un mari, quand il a quelques bonnes petites lâchetés politiques ou autres à commettre, de s'abriter derrière madame. Exemple : il professe les opinions les plus radicales, les plus avancées, et il agit comme un conservateur. Pourquoi ? C'est la faute de sa femme. Il ne croit ni à Dieu ni au diable, et pourtant il fait maigre le vendredi-saint, même les vendredis ordinaires, et il va à la messe. Pourquoi ? C'est la faute de sa femme, etc., etc. La femme, elle, endosse bravement toute la responsabilité, quitte à demander plus tard des dommages et intérêts.

Quoi qu'il en soit, nous étions assis à la table de notre célibataire à six heures précises. Le repas était simple, mais bon et substantiel ; c'était tout ce qu'il nous fallait. Nous y fîmes honneur au grand contentement de notre hôte. Par reconnaissance, nous allons vous le présenter. De petite taille, maigre, un peu voûté comme tous les marins, il portait une barbe longue et déjà grisonnante, son œil noir étincelait sous d'épais sourcils. Tout en lui indiquait un homme ferme, résolu ; son entrain, sa bonne humeur en faisaient un causeur charmant, sympathique et d'une originalité peu commune. Minuit était sonné, et nous n'avions pas encore songé à regagner nos chambres. Il faut tout dire cependant. Un bol de punch, agrémenté d'excellents cigares et de quelques cigarettes pour les amateurs, avait achevé de nous toucher le cœur. Et dire qu'il y a des gens qui causent sans fumer, des médecins qui osent proscrire le tabac ! C'est bien le cas de s'écrier avec l'Évangile : « Pardonnez-leur, ô mon Dieu, car ils ne savent ni ce qu'ils disent ni ce qu'ils font ». Au risque de nous faire des ennemis, ou plutôt des ennemies, avouons-le, nous prenions en ce moment en grande pitié le sort de nos pauvres capitaines. Après

2

tout, à cette heure, ils devaient dormir, et quand on dort et surtout quand on dort bien, on n'est pas malheureux.

Notre hôte avait servi dans la marine marchande, il avait beaucoup vu, beaucoup voyagé, beaucoup trafiqué, il connaissait les quatre parties du monde, et avait été naturellement le héros de quelques aventures assez extraordinaires.

Aujourd'hui, en lisant la relation d'un voyage au pôle nord, le souvenir d'une de ses aventures nous revient en mémoire et nous allons vous la conter. Il y a bien longtemps que tous nos savants, que tous nos marins ont une envie folle de savoir ce qui se passe à ce pôle nord. Pourquoi? Pour constater probablement que le pendule bat plus ou moins vite, pour déterminer exactement le point où passe l'axe de rotation de la terre, pour s'assurer qu'il se trouve au milieu d'une mer de glace, ou peut-être au milieu d'un vaste continent habité, et séparé du reste du globe par des abîmes glacés impossibles à franchir, etc., etc. Suivant quelques savants, ce point est au milieu d'un immense entonnoir au fond duquel s'ouvrent plusieurs cratères communiquant avec les entrailles de la terre. De ces cratères s'échappent continuellement des flammes étincelantes et des nuages de vapeur. Ces flammes donnent à cent lieues à la ronde une clarté presque égale à celle du soleil; ces vapeurs couvrent toute la contrée de nuages épais qui empêchent toute déperdition de calorique, et les terres, fécondées par cette chaleur souterraine, soumises à une température qui reste toujours à peu près la même, sont d'une fertilité exceptionnelle. Suivant d'autres, ces cratères sont en communication directe avec

la grande chaudière de Satan, qui reçoit ainsi par leur
intermédiaire la quantité d'eau nécessaire à sa cuisine
infernale, et c'est dans cette chaudière que seront un
jour plongés tous ces braves communards, fussent-ils,
de par le suffrage universel, députés, sénateurs ou
membres du conseil municipal de Paris. Ces deux ver-
sions nous paraissent aussi sérieuses l'une que l'autre,
et vu notre ignorance, nous nous garderons bien de
nous prononcer pour ou contre. Tout ce que nous pou-
vons dire, c'est qu'un honnête homme, ayant un chez
soi, un abri quelconque, pouvant fumer et digérer tranquillement au coin de son feu, doit être réellement toqué
ou poussé par le démon, quand il se met en route pour
aller voir ce qui se passe au pôle nord. En 1856, nous
étions plus ardent, plus entreprenant, car nous admi-
rions très sincèrement ce brave marin qui trinquait avec
nous, et qui nous racontait comment il était parvenu à
effectuer ce terrible voyage. Mais sans autre digression,
voici l'histoire :

En 1842, vers le mois de juin, une goélette, légère,
coquette, marchait dans la direction du pôle, et s'en-
fonçait hardiment au milieu des glaces qui semblaient
s'ouvrir sur son passage. Sur le pont de ce navire se
promenait un jeune officier : c'était notre héros. Il occu-
pait à bord la position de second lieutenant. Le bâtiment portait le pavillon français. Frété par de riches
armateurs, il devait chercher à pénétrer jusqu'au pôle
nord. Les armateurs de cette époque avaient donc cela
de bon qu'après avoir amassé des richesses immenses,
ils n'hésitaient pas à en mettre une partie au service de
la science. Le capitaine était un vieux loup de mer qui

avait pendant longtemps navigué dans ces parages, il était plein de confiance et se croyait sûr du succès. Les moyens qu'il voulait employer pour arriver au but si désiré, moyens dont il ne faisait du reste mystère à personne, étaient sans contredit très ingénieux. Il consistaient à pénétrer aussi loin que possible à travers les glaces, et cela fait tenter l'aventure avec vingt hommes choisis parmi les plus vigoureux et les plus déterminés. Quant au reste de l'équipage il devait, sous le commandement du premier lieutenant, garder le vaisseau et attendre le retour de l'expédition,

Marcher directement vers le pôle comme l'avaient fait ses devanciers, c'était s'exposer ou à un échec, ou à une mort certaine, aussi le capitaine, qui depuis longtemps étudiait la question, avait-il trouvé une autre manière de procéder. Il avait fait construire deux immenses ballons portant chacun une forte nacelle ayant la forme d'une chaloupe et par suite pouvant naviguer à la rigueur. Elles devaient contenir chacune dix à douze hommes d'équipage, des traîneaux en cas de besoin ou d'accident, des appareils de chauffage et des provisions pour cinquante jours. On ne connaissait pas plus que maintenant la manière de diriger les ballons; s'enlever dans les airs était chose facile, mais s'avancer dans la direction déterminée était moins aisé. Heureusement le capitaine avait constaté la présence de vents ou de courants d'air circulaires, qui devaient infailliblement faire passer le ballon au-dessus du pôle. Les savants étaient d'accord avec lui, seulement ils lui avaient fait observer que ces courants variaient d'intensité et de direction avec les altitudes.

Cela toutefois n'était pas une difficulté insurmontable : le ballon étant captif, on s'élèverait à des hauteurs plus ou moins grandes jusqu'à ce que l'on ait trouvé le courant d'air demandé. Puis l'on calculerait aussi exactement que possible le diamètre du cercle du vent, la vitesse de ce dernier, et la distance du lieu de l'expérience au pôle. Ces données obtenues, on suivrait docilement le courant d'air et enfin lorsque l'on supposerait le ballon arrivé à peu près au-dessus de l'axe de rotation de la terre, on laisserait attérir. Toutes ces combinaisons, comme vous voyez, n'étaient pas d'une certitude mathématique, et pour les voir réussir, il fallait compter beaucoup sur le hasard, qui est en général, il est vrai, très bienveillant pour les hommes de courage et d'initiative. Il joue en effet le plus grand rôle dans toutes les découvertes, et comme il tient essentiellement à ce que cela soit bien constaté, il s'arrange toujours de manière à faire trouver tout autre chose que ce que l'on cherche.

Dans tous les cas, l'idée du capitaine était bonne, le succès paraissait, sinon certain, du moins probable; c'était tout ce qu'on pouvait désirer en pareille circonstance. S'il faut d'ailleurs croire les journaux, le commandant anglais Cheyne doit, cette année, tenter la même expédition, le plan et les moyens d'exécution sont exactement ceux que nous venons d'indiquer. Comment reviendra-t-il? il n'en sait rien, il avisera ; autrement dit, il a confiance dans sa fortune et sa bonne étoile. C'était précisément la réponse que faisait notre capitaine à ceux qui voulaient le détourner de son projet.

Quoi qu'il en soit la goélette ayant été obligée de s'arrêter au milieu des glaces, les ballons furent débarqués et gonflés. Les expériences préliminaires que nous avons indiquées plus haut furent exécutées avec d'autant plus de soin qu'il s'agissait pour les expérimentateurs d'une question de vie et de mort. On trouva ou on crut avoir trouvé les fameux courants d'air circulaires dont il a été parlé, les câbles furent coupés et les ballons s'élancèrent dans l'espace, aux applaudissements de tout l'équipage réuni. Le ballon commandé par le capitaine marchait en avant, et était suivi à peu de distance par le second qui avait pour chef le deuxième lieutenant, c'est-à-dire notre héros. Péndant la première journée, tout se passa le mieux du monde, le thermomètre marquait cinq à six degrés au-dessous de zéro, la marche était uniforme, rapide, et la boussole indiquait que l'on s'avançait exactement dans la direction du pôle. Plusieurs fois les ballons se rapprochèrent et se touchèrent presque ; notre hôte put voir le capitaine debout sur la nacelle, l'air radieux, et le saluant de la main. Vers la quinzième heure on avait déjà parcouru la moitié de la route, le courant d'air était devenu plus violent et les deux ballons se trouvaient à une assez grande distance l'un de l'autre. Tout à coup celui du capitaine, qui s'était abaissé insensiblement au-dessous du second, fut saisi comme par un tourbillon ; on le vit osciller, tourner sur lui-même, puis disparaître comme une flèche dans une direction oblique à la première. Notre lieutenant, pour éviter le même sort, fit jeter du lest, et le ballon s'éleva rapidement. Cette manœuvre réussit, le courant d'air, tout en suivant la même direction, était devenu plus calme ; on marcha ainsi encore pendant quatre heures, mais le ciel se faisait de plus en plus sombre, on se trouvait au milieu de nuages et de brouillards épais ét l'obscurité augmentait de plus en plus.

Plusieurs fois on essaya de s'élever ou de s'abaisser, mais le vent changeait et devenait par intervalle d'une violence extrême. Force fut donc de naviguer en restant à la même hauteur. La terre et le ciel, que jusqu'alors on avait aperçus de temps à autre, disparurent complètement, la température était de plus en plus douce et rendait par suite inutiles les appareils de chauffage. De la terre montait un bruit formidable qui paraissait être produit par des vagues furieuses se brisant les unes contre les autres. Le lieutenant, les yeux fixés sur l'aiguille de la boussole, constatait que sa direction coïncidait toujours avec la direction du vent. On marchait donc rapidement vers le pôle et on devait en être proche, car la trentième heure depuis le départ venait de sonner. Il fallait songer à descendre, les matelots les plus intrépides hésitaient. On s'était muni de quelques balles à feu : ce sont, comme vous savez, des espèces de bombes qui brûlent en répandant une clarté éblouissante, et dont on se sert pendant la nuit dans les sièges pour éclairer et reconnaître les travaux de l'ennemi. Nos marins en laissèrent tomber quelques-unes dans l'espace. Peine inutile ; après avoir tracé un sillon lumineux, ces balles à feu disparaissaient et s'éteignaient en sifflant. Un instant on crut apercevoir une mer noire, immense, mugissante. Ce n'était pas engageant ; notre héros n'était pas plus rassuré que son équipage, mais le devoir, l'honneur, l'empêchèrent de faiblir ; on ne pouvait, en effet, sans honte, abandonner l'entreprise ; il fallait essayer de la mener à bonne fin. Après tout il n'y avait qu'à faire le sacrifice de sa vie, et quoique jeune, il avait déjà vu la mort de très près. Il réunit ses hommes autour de lui, et au-dessus du pôle, comme Napoléon devant les Pyramides, il leur fit une harangue splendide. Dire qu'elle fut accueillie avec des transports d'enthousiasme serait mentir, mais enfin on se résigna. Le ballon commença donc à descendre sans montrer non plus lui un très grand empressement à exécuter cette périlleuse manœuvre ; il s'abaissait dans l'espace, puis remontait presque aussitôt soulevé par des courants d'air ; on eût dit qu'il pressentait un malheur. Cependant, devant l'obstination de ses conducteurs, il fallut céder, mais à peine s'était-il rapproché de la terre d'environ 400 mètres, qu'il fut enveloppé par un tourbillon. Il tournoya plusieurs fois sur lui-même, les câbles qui tenaient la nacelle se tordaient et faisaient entendre des craquements sinistres ; pendant deux grandes heures l'équipage fut entre la vie et la mort. Durant ce temps l'aiguille aimantée de la boussole avait oscillé dans tous les sens, puis après avoir tourné sur elle-même avec une rapidité incroyable, elle était devenue inerte et par suite inutile.

Dieu prit enfin pitié de nos braves marins, ils continuèrent à descendre, le vent s'apaisa, les ténèbres furent remplacées par une clarté blafarde, au-dessous d'eux apparut à leurs regards surpris une île immense, et cette fois le ballon sans hésitation aucune, descendit, majestueusement vers la terre. Quelques indigènes se groupèrent autour de lui, et nos voyageurs, en mettant pied à terre, se crurent tout d'abord en pays de connaissance. La manière d'être des habitants, leurs vêtements, les maisons que l'on apercevait dans le lointain, sans être absolument identiques à ceux de nos contrées, s'en rapprochaient singulièrement.

Mais quand il fallut se faire comprendre, demander et recevoir des explications, ce fut une tout autre affaire. Notre lieutenant, qui avait voyagé dans tous les pays du monde, connaissait quelques mots de chaque idiome, de chaque langue ; il s'en servit tour à tour mais inutilement. Bref, il fut obligé de reconnaître que cette île immense, plus grande que l'Europe entière, et qui paraissait jouir d'une civilisation assez avancée, était complètement ignorée de l'ancien monde. Un instant il eut l'idée d'y planter le drapeau français, et d'en prendre possession au nom de son pays. Mais il n'avait pas de drapeau et puis se donner des airs de conquérant et n'avoir pour appuyer ses prétentions qu'une armée de 10 à 12 hommes, lui paraissait à la fois ridicule et imprudent. Il se contenta de recevoir l'hospitalité. Conduits à la ville voisine, nos marins furent présentés aux autorités ; après avoir constaté de part et d'autre qu'il était impossible de s'entendre autrement que par signes, on leur donna pour habitation un bâtiment spacieux, commode, et on pourvut généreusement à tous leurs besoins. Ils pouvaient sortir et circuler librement dans la ville, les habitants, tout en les regardant avec curiosité, s'écartaient avec politesse sur leur passage, preuves indéniables non seulement de leur bon caractère, mais encore de leur développement intellectuel.

Le lendemain matin, les voyageurs reçurent la visite d'un personnage, grand, maigre, à l'aspect correct, un peu guindé ; il se mit à leur montrer tous les objets environnants, désignant chacun d'eux par des sons ou des consonnances plus ou moins harmonieux, et faisant signe à ses auditeurs étonnés de répéter. C'était tout bonnement un professeur, un maître d'école si vous voulez, qui s'était donné ou qui avait reçu la mission de leur enseigner la langue du pays. Nos compatriotes se trouvaient donc dans une contrée où l'instruction était non seulement gratuite, mais encore obligatoire. Était-elle laïque ou religieuse, ils ne songèrent même pas à se le demander, car en 1842 on était libéral, on ne connaissait pas les fameuses lois Ferry et le futur ministre faisait alors ses dernières dents, ses dents de sagesse. Est-ce dents de sagèsse qu'il faut dire ? Nous n'en savons vraiment trop rien ; dans tous les cas, comme nous aimons la liberté, nous laissons aux pères de famille et aux réactionnaires malveillants la faculté de protester.

Quoi qu'il en soit, le maître d'école montrait dans l'accomplissement de ses fonctions une activité, un zèle extraordinaires ; il faisait à ses élèves jusqu'à trois visites par jour. Dire qu'il était toujours accueilli avec plaisir serait peut-être exagéré ; l'étude est une bonne chose, mais point trop n'en faut, comme dit ce bon La Fontaine. Toutefois nos marins, traités avec la plus grande courtoisie et la plus grande bienveillance, auraient eu mauvaise grâce à ne pas répondre aux efforts que l'on faisait pour entrer en conversation avec eux. D'un autre côté ils étaient eux-mêmes aiguillonnés par la curiosité, et ils désiraient naturellement connaître un peu plus particulièrement les hôtes au milieu desquels le bon Dieu ou le diable les avait fait tomber.

Bref ils travaillaient avec ardeur ; notre lieutenant surtout, en sa qualité de chef, donnait le bon exemple. Au bout de trois mois, ce dernier était en mesure de comprendre les indigènes et de s'en faire comprendre. Voici ce qui lui fut conté :

Cette terre du pôle nord était divisée en plusieurs royaumes ; les habitants avaient passé successivement et plusieurs fois de la civilisation à la barbarie, et de la barbarie à la civilisation.

En ce moment ils étaient dans une ère de progrès et de prospérité qui n'avait rien à envier à celle dont nous jouissons actuellement. La preuve, c'est que chez eux, comme chez nous, la sottise marchait tête levée, l'ignorance faisait la leçon à la science, le vice éclaboussait la vertu, l'homme honnête, intelligent, était dédaigné, méprisé, les imbéciles et les incapables, surtout ceux qui savaient prodiguer à la foule des mots sonores et vides de sens, étaient portés aux nues, etc., etc. Inutile d'insister, regardez ce qui se passe actuellement dans notre belle France et continuez la tirade comme bon vous semblera.

Depuis quand cette île jusque-là inconnue était-elle habitée? Depuis la création, disaient les uns. Depuis que les singes étaient devenus des hommes, disaient les autres. Quand le monde finira-t-il ? Lorsque les hommes redeviendront des singes. A quelle époque ce phénomène se produira-t-il ? Lorsque tout le monde sera socialiste.

Mais bah ! laissons là les croyances plus ou moins religieuses de nos indigènes ; nous serions obligés, à l'instar de Kant, de Leibnitz et autres Allemands, de faire de la philosophie transcendante : personne ne nous comprendrait, et nous ne serions même pas bien sûr de nous comprendre nous-même.

Une question cependant : Comment des hommes bâtis et organisés comme nous avaient-ils pu vivre et se reproduire au pôle nord ? Voici l'explication qui fut donnée à notre héros, explication basée sur des faits dont il put plus tard vérifier l'entière exactitude.

Tout le monde sait que le globe terrestre est renflé à l'équateur et aplati au pôle ; il en résulte donc que sur ce point on est plus rapproché du centre de la terre. Par suite non seulement la force de la pesanteur y est plus grande, mais la chaleur terrestre y est aussi plus considérable. Il est en effet généralement admis que la terre est une masse incandescente, en fusion, recouverte d'une pellicule solide de très faible épaisseur.

Prenez une pomme, disent les savants, et supposez qu'elle représente le globe terrestre : la masse en fusion étant figurée par la pomme elle-même, l'épaisseur de la pelure ou de la peau représentera assez fidèlement celle de la croûte solide qui l'enveloppe. On comprend facilement, d'après cela, que cette masse incandescente, au sein de laquelle se produisent une foule de combinaisons chimiques, ou si vous aimez mieux, que cette fournaise ardente, travaillée par une multitude de génies, de diables et de diablotins tous animés à l'égard de notre pauvre race d'intentions les plus malveillantes, doit être pour nous l'objet d'une préoccupation constante.

Nous dansons sur un volcan ! crient les journalistes lorsqu'ils parlent de nos petites révolutions politiques ; rien n'est plus vrai, et si nous ne sautons pas plus souvent, c'est que le bon Dieu (car nous avons la faiblesse d'être déiste) nous défend contre les fantaisies diaboliques de tous ces démons qui font bouillir la grande marmite terrestre.

Les habitants du pôle n'avaient pas, toutefois, à se plaindre de cette grande marmite. Leurs terres étaient parsemées de lacs immenses, grands pour la plupart comme la Méditerranée et formés par des sources d'eau bouillante qui s'échappaient des entrailles de notre planète. Ces lacs formaient des fleuves, des rivières, qui sillonnaient le pays. Les mers environnantes elles-mêmes, réchauffées par des courants sous-marins de même nature, avaient une température moyenne qui ne descendait jamais au-dessous de 10 à 15 degrés au-dessus de 0. A 400 lieues des côtes, les glaces commençaient et formaient une barrière infranchissable que les habitants n'avaient jamais pu traverser.

De ces eaux tièdes s'élevaient constamment des vapeurs chaudes qui, enveloppant toute la contrée comme une couverture, empêchaient toute déperdition de la chaleur terrestre. La température était donc plus douce, plus égale que dans nos climats, les plantes tropicales poussaient admirablement, et la végétation avait la vigueur et l'exubérance de l'époque Devonnienne, à laquelle nous devons nos mines inépuisables de combustible.

Le ciel n'avait pas, il est vrai, cette teinte pure, limpide et bleue qu'il présente dans nos provinces méridionales, mais on s'habitue à tout, même à recevoir des coups de bâton, a dit un avocat, et les habitants du pôle n'auraient peut-être pas voulu changer leurs brumes et leurs brouillards pour les rayons étincelants du soleil d'Orient. Ils étaient d'ailleurs gens de ressource et avaient trouvé une manière aussi simple qu'ingénieuse d'utiliser la chaleur centrale de la terre. Par suite de la proximité plus grande du centre de la masse en fusion, la température, à mesure que l'on pénétrait dans les entrailles du sol, allait en augmentant comme dans nos pays, mais elle croissait naturellement dans une proportion beaucoup plus considérable. Dans chaque ville et même dans chaque bourgade assez importante, les ingénieurs avaient creusé des puits d'une grande profondeur. Ces derniers étaient accouplés deux par deux et reliés entre eux à leur partie inférieure par un conduit en forme de siphon. A l'orifice de l'un de ces puits, on avait adapté une machine aspirante mue par la vapeur ; l'air extérieur s'engouffrait par l'ouverture du second, et ressortait à l'aide de la machine par la bouche du premier. Cet air qui, en passant par les canaux souterrains, prenait une température considérable, était reçu dans d'immenses réservoirs et de là distribué dans toutes les maisons de la ville moyennant une légère redevance. Avait-on froid ? on ouvrait son robinet et les appartements étaient inondés de chaleur et même de douces senteurs. On avait eu, en effet, l'idée de saturer ces courants d'air chaud de différentes odeurs : d'essences de rose, de jasmin, de violette, etc., suivant les goûts des amateurs. En un mot on distribuait la chaleur dans ces contrées absolument de la même manière que l'on distribue actuellement les eaux potables dans nos grandes villes. On se chauffait ainsi presque pour rien, car une fois les puits creusés, la dépense était insignifiante : l'air et la chaleur terrestre en faisaient tous les frais. La machine à vapeur elle-même, lorsque le siphon était amorcé, devenait à peu près inutile, l'appareil fonctionnait pour ainsi dire tout seul. Il y aurait encore bien d'autres choses à raconter, mais comme nous espérons qu'avant peu le voyage au pôle nord se fera avec autant de facilité que celui de Pontoise à Paris, nous aimons mieux laisser aux curieux le plaisir de la surprise.

Passons à la politique. Ah ! ma foi, sur ce sujet nous n'avons rien de bien extraordinaire à vous dire. Supposez des socialistes chevelus et échevelés, des républicains les uns enragés, les autres modérés, des opportunistes, des monarchistes plus ou moins convaincus, un petit nombre de conservateurs se désintéressant de la forme du Gouvernement, faisant passer avant tout l'intérêt du pays, l'amour de la liberté, le progrès, et vous aurez une idée assez exacte de l'état peu satisfaisant que présentait en ce moment la société polaire. Elle était, en un mot, plongée jusqu'au cou, comme notre pauvre France, dans le gâchis le plus complet, tant il est vrai que si les climats changent, l'espèce humaine reste toujours la même. Elle n'a changé qu'une seule fois, s'il faut en croire nos savants radicaux, c'est lorsque les singes devenus hommes se séparèrent de leurs congénères qui refusaient absolument de faire des barricades et de renverser le gouvernement dont ils jouissaient depuis la création. Nos compatriotes étaient donc tombés en pleine République polaire. C'était le troisième essai de ce genre depuis plus d'un demi-siècle, mais jamais les circonstances n'avaient été plus favorables qu'en ce moment.

Quelques années auparavant, les indigènes avaient à leur tête un roi très constitutionnel. C'était le type le plus complet du bon bourgeois, du bon père de famille, de l'honnête homme désirant vivre tranquille et rendre ses sujets heureux. Il se promenait familièrement au milieu d'eux, son parapluie sous le bras, envoyait ses fils au collège comme les plus simples des mortels, invitait à sa table les gardes nationaux, et laissait liberté complète aux journaux satiriques et autres qui en usaient et abusaient pour le tourner en ridicule. Eh ! bien, il vint un jour à l'idée de deux ou trois vieilles barbes républicaines de traiter de tyran ce modèle de roi constitutionnel. C'était idiot, car tous les faits étaient en contradiction avec cette affirmation, mais allez donc demander de la logique, du bon sens à un peuple qui jouissait depuis le commencement de ce règne d'une tranquillité parfaite et d'un bonheur presque complet ! Tyran il avait été proclamé, tyran il devint aux yeux de tous ses sujets qui n'en voulurent plus démordre. On inventa mille calomnies toutes plus absurdes les unes que les autres, les têtes s'échauffèrent et il ne fut plus possible au pauvre homme de paraître en public sans être l'objet d'une fusillade continuelle. Bref, il était passé à l'état de gibier, et ses sujets se livraient sur lui et sans vergogne à tous les plaisirs, à toutes les ardeurs d'une chasse royale et infernale. Grâce à Dieu, qui prit en main sa défense, comme il prend tôt ou tard celle de tous les opprimés, il échappa à tous les coups dirigés contre lui, et mourut tranquillement dans son lit.

Son fils, comme nous l'avons dit, avait été élevé au collège. Doué d'une grande intelligence et surtout d'un bon sens peu ordinaire, il avait compris tout d'abord qu'il était placé dans une position à la fois assez fausse et assez désagréable. Par cela seul qu'il était prince, il était naturellement l'ennemi commun ; on ne tirait pas encore sur lui, mais il était le point de mire de toutes les mauvaises plaisanteries. Ses camarades, fils de bourgeois, étaient émaillés d'une multitude de défauts, et ils trouvaient cela tout naturel. Quant à un fils de roi, il devait être taillé et bâti d'une tout autre façon ; on exigeait de lui la perfection d'un ange et une intelligence presque divine. Or, comme il ressemblait plutôt à un homme qu'à un dieu, ses condisciples le considérèrent comme un crétin, ou du moins comme un être doué d'une faible intelligence et firent bientôt partager leur conviction à leurs parents bien-aimés. Ces derniers s'en allaient partout répétant aux échos d'alentour que leur fils était bien supérieur sous tous les rapports à ce pauvre prince, que le roi et le pays étaient bien malheureux d'avoir pour représentant un aussi triste sire, etc., etc.

Protester contre un pareil jugement eût été folie, l'opinion publique ne peut et ne doit jamais se tromper, elle en a donné des preuves nombreuses, surtout dans ces derniers temps. Le jeune homme laissa dire. D'ailleurs, il avait lu dans je ne sais quelle relation de voyage que les singes ne refusaient obstinément de parler que parce qu'ils craignaient qu'on ne les fît travailler, d'où il concluait qu'il pouvait à la rigueur y avoir quelque avantage à être considéré comme inintelligent. Sa réputation de crétin une fois bien établie, il espérait que ses sujets exigeraient beaucoup moins de lui, et finiraient, le prenant en pitié, par le laisser tranquille.

Quoi qu'il en soit, on le maria malgré lui, car c'est encore là un des avantages de la royauté, à la fille d'un monarque voisin. Cette noble dame était fière, ambitieuse, désagréable, en un mot, avait toutes les qualités requises pour ne pas faire le bonheur de son mari. Le vieux roi mourut à l'âge de 81 ans ; six mois avant, un républicain ou un socialiste avait eu le triste courage de tirer sur lui, cherchant ainsi à abréger les quelques jours que le pauvre homme avait encore à passer sur la terre. Ce haut fait souleva l'indignation générale et donna par suite à la monarchie un regain de popularité. Le jeune prince succéda à son père sans opposition. Il prit en main, comme on dit vulgairement, les rênes de l'État sans grand enthousiasme, s'entoura de ministres probes, éclairés, intelligents, s'annula le plus possible, en un mot, prit au sérieux son rôle de roi constitutionnel. Un instant il put croire que tout marcherait comme sur des roulettes ; mais bientôt les mots de tyran commencèrent à circuler dans la foule, et il fut dès lors évident qu'il allait succéder à son père dans toutes ses charges et dignités, voir même dans celle de gibier couronné.

Or il était décidé, et parfaitement décidé, à ne pas servir de cible vivante à ses aimables sujets. Il avait été à même, du temps de son prédécesseur, d'en apprécier tous les inconvénients. Son parti fut pris immédiatement. Un roi des Belges, un certain jour que ses administrés faisaient barricades sur barricades, leur fit dire tranquillement qu'ils avaient bien tort de se donner tant de mal à entasser pavés sur pavés, et qu'il était tout prêt, si bon leur semblait, à faire ses malles et à leur dire adieu définitivement. Notre jeune prince fit mieux. Après avoir réellement bouclé ses malles et les avoir fait charger sur un train spécial, il convoqua en assemblée plénière députés et sénateurs, et leur tint à peu près ce discours :

« Messieurs, comme vous le savez, j'ai été élevé au collège, par suite j'ai reçu une éducation très libérale. Le contact, les relations continuelles que j'ai eus avec mes condisciples m'ont forcé de reconnaître, et je ne crains pas de l'avouer, que tout en étant fils de roi, j'étais très inférieur et sous le rapport de l'intelligence et sous le rapport de la science à la plupart de mes camarades. Je suis honnête homme ; il me paraît donc tout à fait injuste, par cela seul que le sang des anciens princes coule dans mes veines, d'être appelé à commander à des hommes qui valent mieux que moi. Bon nombre d'entre vous, Messieurs, sont républicains et loin de leur en vouloir, je les approuve. Le pouvoir doit appartenir au plus digne. Je descends donc volontiers les degrés du trône où le hasard m'a placé et vous convie à faire un essai loyal des institutions républicaines, les seules logiques, les seules rationnelles. »

En entendant cet exorde extraordinaire prononcé par une bouche royale, les honorables députés et les Pères conscrits se regardaient avec étonnement. Le prince était-il de bonne foi, ou avait-il l'intention de se moquer d'eux ? Telle était la question qu'ils se posaient sans oser la résoudre. Le monarque reprit :

« La proposition que je vous fais est très sérieuse ; n'ayant pas d'autre mérite je veux au moins avoir celui du désintéressement. Croyez-moi, n'hésitez pas, le pays est dans d'excellentes conditions pour tenter l'essai dont je viens de vous parler, attendre plus longtemps serait l'exposer à une révolution et il est bon de lui éviter ces terribles secousses. Parmi les républicains, et vous l'êtes presque tous plus ou moins, les uns veulent une République modérée, les autres une République avec ce qu'ils appellent toutes ses conséquences. Eh ! bien, qui vous empêche de satisfaire ces deux aspirations légitimes ? Divisez le royaume en deux parties à peu près égales ; les provinces du Midi, si l'on peut s'exprimer ainsi, ont des idées plus avancées, donnez-leur la République radicale ; les provinces du Nord ont un tempérament plus calme : donnez-leur la République athénienne. Il y aura ainsi deux Gouvernements indépendants l'un de l'autre, et vous aurez le grand avantage de faire deux essais à la fois. La nation, en voyant ces deux Républiques se développer parallèlement, pourra juger en toute connaissance de cause. »

L'Assemblée était ahurie, un silence complet succéda aux dernières paroles du roi. Le président se hâta de mettre un terme à l'embarras général en remerciant le souverain et en le priant de vouloir bien leur donner le temps de réfléchir. Le prince y consentit volontiers ; il connaissait trop bien tous ses sujets adorés pour conserver le moindre doute sur le résultat final. Comment supposer, en effet, que députés, sénateurs, tous gens avides de places et d'honneurs, hésiteraient à accepter cette proposition d'un double Gouvernement qui fournissait une si ample curée à tous les ambitieux.

On se réunit et on discuta pour la forme. Fallait-il accepter ou refuser de mettre à exécution l'idée du prince? Telle fut la question posée. Une majorité énorme se prononça pour l'affirmative. Par convenance, pour ne pas froisser l'amour-propre royal, cette majorité ne fut officiellement portée qu'à dix ou douze voix. On voulait couvrir de fleurs la victime, on avait même pour elle une grande et réelle reconnaissance. S'il eût été possible à nos législateurs polaires de lui ouvrir les portes du ciel, ces portes se seraient ouvertes toutes grandes pour la recevoir. Ils n'auraient certes pas imité, dans ce moment du moins, les sénateurs romains qui, venant déclarer au peuple que Romulus était monté au ciel, tenaient cachés sous leurs robes les lambeaux sanglants du pauvre dieu qu'ils venaient d'assassiner. Bref les deux présidents, à la tête d'une députation, se présentèrent chez le roi et après l'avoir complimenté, lui déclarèrent qu'ils acceptaient son offre, mais à la condition qu'il garderait son titre, et qu'il reprendrait les rênes de l'État si le succès ne répondait pas à l'attente générale. Par convenance, le souverain fut obligé d'engager sa parole. Promesse imprudente !

Restait la reine à prévenir ; elle savait tout, elle était dans une rage indescriptible, et attendait son royal époux. Il fallait bien qu'il vînt enfin lui annoncer sa belle équipée. La scène fut terrible, pleurs, cris, outrages, dédains, tout ce qu'une femme bien élevée peut se permettre envers un mari débonnaire, fut prodigué avec usure. Puis la noble dame se levant avec majesté : « Libre à vous, sire, ajouta-elle, de sacrifier votre couronne à un sot amour de popularité ; quant à moi, je suis née sur le trône et je ne mettrai jamais ma main que dans la main d'un roi. Adieu donc. » Le pauvre homme se garda bien de lui dire que sa conduite n'était pas tout à fait exempte d'égoïsme, il se contenta pendant toute cette scène de lever les yeux au ciel. Prenait-il Dieu à témoin de sa douleur, ou le remerciait-il de lui enlever à la fois sa femme et son trône ? Nous l'ignorons.

Toujours est-il que, quelques jours après, il remit à la nation, et cela de la façon la plus large, et sans rien vouloir accepter, tous les trésors, palais, biens, qui appartenaient à la couronne, puis il partit pour une de ses propriétés située au milieu d'une petite île dont il fit sa résidence. Il s'entoura de quelques amis fidèles, chassa, pêcha, fit de la musique, cultiva les beaux-arts et même souvent les fleurs de son jardin. Il se trouvait heureux. Avait-il tort ? Non. Aimer les fleurs, jouer et rejouer les airs connus et aimés de nos grands maîtres, faire de la peinture, cela vaut mille fois mieux, sans contredit, que d'écouter les rapports plus ou moins bien faits de ministres plus ou moins intelligents, que d'entendre les discours filandreux ou stupides d'orateurs cherchant, non la vérité, mais la popularité, et de passer les trois quarts de son existence à recevoir et à saluer.

Sans doute c'est une belle et noble chose que de guider un peuple dans les voies du progrès, que de chercher à le rendre aussi heureux que possible, mais encore faut-il que ce peuple y mette un peu de bonne volonté. Quand il ne veut pas se laisser guider, quand il s'obstine envers et contre tous à acclamer les niais, les incapables, les communards, et surtout quand il tire sur vous, croyez-nous, princes et rois, suivez l'exemple de votre collègue. Dussiez-vous chanter faux, dussiez-vous faire des croûtes, dussiez-vous être piqués de temps à autre par quelques méchants rosiers, cela vaudra mieux encore que de payer un trône par tant de tracas et d'ennuis. Attendez qu'on vienne vous chercher ; au train dont vont les choses, ce phénomène ne tardera guère à se produire. Le temps viendra, en effet, si les rois sont encore nécessaires, où il faudra les faire désigner par le sort, comme on le fait actuellement pour les membres du jury.

L'élu ceindra le diadème transformé en couronne d'épines avec le même enthousiasme et le même empressement que montrent les jurés lorsqu'ils vont prendre place sur leurs sièges de juges. Peut-être faudra-t-il même, comme pour ces derniers, exciter le zèle et le dévouement du pauvre souverain, en le menaçant, en cas de refus, d'une amende de quelques milliers de francs.

Le prince déchu était donc heureux, un seul point noir venait de temps à autre obscurcir le ciel si pur de son existence. Il avait peu de confiance dans les essais qu'il avait provoqués et il se rappelait, non sans terreur, sa fatale promesse.

Les événements, en effet, se déroulaient avec une effrayante rapidité, et la République modérée glissait de plus en plus, comme emportée par une fatalité étrange, vers la République radicale. Quant à cette dernière, elle était déjà arrivée à un état de désordre et de décomposition inexprimable.

La division du royaume en deux parties et la constitution de ces deux parties en États indépendants, avaient été faits avec une rapidité merveilleuse ; républicains modérés et avancés avaient hâte de jouir et d'accaparer les places et les honneurs. Dire que le suffrage universel avait présidé à ce changement ou à ce bouleversement, c'est dire que tout s'était fait au hasard et la plupart du temps à tort et à travers.

La République athénienne avait eu d'assez bons commencements ; toutefois au moment où notre lieutenant quitta la terre polaire, elle penchait visiblement vers le radicalisme et le socialisme ; rien encore cependant n'était désespéré. Quelques mots suffiront pour établir et la marche des événements, et la situation qui en avait été la conséquence. En huit ans, trois Présidents s'étaient succédé ; tous les trois, malgré la diversité de leurs idées et de leurs caractères, étaient d'une probité et d'une honnêteté incontestables. Le second, glorieux soldat, loyal, ferme, énergique, était l'homme créé et mis au monde par la Providence, pour assurer l'existence de ce Gouvernement logique et rationnel. Forcé de donner sa démission par des hommes aveugles, et qui n'avaient su ni le comprendre ni l'apprécier, il s'était retiré.

Après lui, des fautes immenses avaient été commises et cela niaisement et sans aucune nécessité :

1° Une majorité intolérante et inintelligente avait rejeté d'une façon aussi injuste que scandaleuse, du sein des assemblées délibérantes, un grand nombre de ceux qui ne pensaient pas comme elle. En agissant ainsi, elle avait indigné tous les honnêtes gens, et s'était mise en révolte ouverte avec le suffrage universel, loi suprême de la nouvelle organisation. Qu'avait-elle gagné en échange ? Rien, absolument rien, puisqu'étant la majorité, ce qu'elle pouvait après les invalidations, elle le pouvait avant.

2° Elle avait reproché à ses adversaires d'avoir changé quelques fonctionnaires, ajoutant que ces derniers, à l'exception des préfets et des sous-préfets, avaient le droit de voter, de penser comme ils l'entendaient. Maîtresse absolue, elle s'était hâtée de donner un démenti éclatant à ses paroles, en épurant, suivant ses expressions, toutes les administrations, depuis la première jusqu'à la dernière. Les révocations avaient frappé les cantonniers, les gardes champêtres et même les employés de bureaux de bienfaisance. Et la liberté de penser, et la liberté de voter, que sont-elles devenues ? disaient les révoqués. Pensez, votez comme nous, répondaient les républicains, sinon mourez de faim ; nous sommes le nombre, nous sommes la force.

Ce premier bouleversement opéré, le Gouvernement, poussé, pressé par les députés et les sénateurs aiguillonnés à leur tour par leurs électeurs affamés, avait procédé à de nouvelles destitutions. De ces révocations à jet continu était résulté une désorganisation à peu près complète de toutes les administrations. Qu'avait-on encore gagné ? D'avoir donné à la République une armée d'ennemis irréconciliables, car ces destitués, tous pour la plupart bien posés et ayant de nombreuses connaissances, se faisaient un devoir de propager la haine qui les animait. On leur avait enlevé leurs places ; pour y rentrer, ils allaient s'efforcer de renverser le Gouvernement, et quand les gens sont poussés par l'intérêt et par l'amour-propre blessé, fussent-ils peu nombreux, et ce n'était pas le cas, ils sont toujours redoutables.

De plus, on avait rempli les administrations de fonctionnaires improvisés, par suite sans expérience, ignorants, incapables. Ils commettaient bévues sur bévues et faisaient maudire à chaque instant le nouvel état de choses. Ils n'avaient même pas l'avantage d'être plus dévoués à la République que leurs prédécesseurs, et au premier changement de vent, pour faire oublier leur nullité et conserver leurs places, ils étaient hommes à crier tous les premiers : « Vive le roi ! vive l'empereur ! »

3° Sénateurs et députés s'étaient réunis primitivement dans une petite ville ; il suffisait alors d'un seul régiment pour assurer la liberté de leurs votes contre toute pression populaire. Ils venaient sans aucune nécessité de transporter le siège de leurs délibérations dans une ville immense où une armée entière était incapable de les protéger. Il était bien utile, vraiment, d'ajouter cette difficulté à toutes les autres. Nous voulons prouver, disaient quelques imbéciles, qu'après avoir échappé aux griffes des bandits (traduisez communards), nous sommes assez forts pour les braver. Demandez à un médecin s'il conseillera jamais à un malade, qu'il vient de guérir de la gale ou d'une affection cancéreuse, de se placer bénévolement dans les circonstances les plus favorables au développement de ces maladies. Pourquoi d'ailleurs ne pas éviter au commerce et à l'industrie, qui ne peuvent vivre et prospérer qu'avec la tranquillité, toutes ces agitations possibles et même inévitables !

4° On avait amnistié des gredins qui, en face d'une invasion étrangère victorieuse, avaient eu l'infamie de tirer sur le drapeau national. « On condamne à mort, disait un député, un soldat qui abandonne son poste devant l'ennemi, et on n'hésite pas à gracier, à amnistier des bandits qui ont fait mille fois plus ! Le suffrage universel en délire les acclame, on les nomme conseillers municipaux, déjà ils s'apprêtent à forcer l'enceinte du Corps législatif, et nos gouvernants ne savent pas trouver un moyen énergique pour arrêter ces crimes de lèse-nation ! Eh ! bien, continua ce député, le jour où le premier communard franchira les portes d'une de nos Assemblées, si cette Assemblée ne se lève tout entière pour l'expulser de son sein, la République est finie !.. » Il avait raison, et aurait dû ajouter : Pourquoi le Gouvernement a-t-il laissé voter et a-t-il signé cette loi d'amnistie qui n'était réclamée que par des insensés et par les frères et amis. En s'opposant à cette mesure impie, que de tracas, que de troubles, que de sang peut-être il aurait évités au pays !

Le ciel de la République athénienne n'était donc pas, comme on le voit, d'une limpidité parfaite, de nombreux points noirs se montraient à l'horizon, mais cependant il était possible encore de conserver quelque espoir. Un souffle régénérateur passant sur le suffrage universel, un bon ange apportant au centre gauche cette franchise, cette énergie qui lui avaient fait si longtemps défaut, et tout pouvait se réparer. Si les hommes d'élite manquent, une nation marche d'un pas moins rapide, mais elle n'en suit pas moins les hommes fermes et honnêtes qui lui ouvrent la voie du progrès.

Quant à la République radicale, elle voguait, voiles déployées, sur la mer de la folie ; elle ne reculait devant rien. Les théories sociales les plus insensées, les plus stupides, étaient mises en pratique avec un entrain indicible. Les résultats obtenus avaient été splendides et immédiats. En pénétrant dans ce pays de prédilection, on se trouvait en présence, non pas d'une société, mais d'une assemblée de fous furieux, d'idiots, de gens ahuris, ayant encore face humaine, tout en se rapprochant singulièrement des singes, leurs ancêtres bien-aimés. Tout cela parlait, se disputait, se battait, mangeait, buvait, digérait, s'accouplait, accouchait, se quittait, c'était un vrai paradis, excepté pour les marmots, qui, au milieu de ce tourbillon, cherchaient vainement les auteurs de leurs jours. Et dire que pour arriver à ce brillant idéal il n'avait fallu que deux années. Quelle gloire pour les grands prêtres du radicalisme ! Reprenons toutefois les choses de plus haut.

La grande famille radicale se compose de plusieurs branches ; nous avons : les opportunistes, les radicaux chevelus et échevelés, les intransigeants, les socialistes qui se subdivisent en une multitude de sectes.

Qu'est-ce que l'Opportunisme ? C'est un mot nouveau, inconnu il y a quelques années, et c'est déjà beaucoup, car en République on gouverne avec les mots et non avec les idées. En France, par exemple, l'Opportunisme a actuellement son grand prêtre et ses disciples. Tout le monde connaît le fameux programme de Belleville, et tout le monde aussi, après l'avoir lu, s'est écrié : Voilà

le programme d'un radical de la plus belle eau. Eh !
bien, point ne le croyez. L'auteur est un homme pru-
dent et qui est appelé à faire un jour le bonheur de
notre beau pays. Il possède naturellement toutes les
qualités : très libéral, il a voulu mettre, en 1870, hors
la loi, toute une classe de citoyens, parce que le moment
n'était pas encore venu d'aimer la liberté ; il a fait battre
notre dernière armée à la suite d'une erreur de géogra-
phie, parce que le moment n'était pas encore venu d'être
géographe ; il a chaussé nos soldats de souliers de carton
et leur a donné des vêtements de papier, parce que le
moment n'était pas encore venu de surveiller des four-
nisseurs tant soit peu canailles, etc., etc. Aujourd'hui il
ne veut pas la séparation de l'Église et de l'État, la suppression de l'inamovibilité de la magistrature, du Sénat,
des armées permanentes, de la liberté du père de famille ; demain, si le moment est opportun, il fera voter
toutes ces mesures avec enthousiasme.

Avez-vous bien compris ? Non. Eh ! bien, prenons un
dernier exemple. Deux voleurs embusqués sur une
route voient passer un voyageur. « Marchons, dit l'un,
attaquons et dépouillons. — Non, dit l'autre, la route
n'est pas encore déserte, attendons quelques instants. »
Le premier est un voleur radical, le second est un voleur
opportuniste. Quant à mériter la corde, l'un et l'autre
la méritent certainement, et très également.

Quoi qu'il en soit, dans la République polaire, comme
dans toutes les Républiques présentes, passées et fu-
tures, les opportunistes tinrent d'abord le haut du
pavé, ils furent nommés présidents, ministres, etc. Les
morts vont vite, dit la ballade allemande ; les radicaux

ont la même allure. Au bout de quinze jours, on était
las du Gouvernement, il fut condamné. Un intransi-
geant monta à la tribune et s'adressant aux ministres :
« Vous êtes partisans de toutes les réformes, s'écria-t-
il ; comme nous, vous voulez la suppression du Sénat,
du chef du pouvoir exécutif, des armées permanentes,
de la magistrature, etc. Eh ! bien, qu'avez-vous fait
depuis que vous avez reçu vos portefeuilles ? Parlé et
toujours parlé, autrement dit, rien, absolument rien :
ce n'est pas assez. De deux choses l'une, ou ces réformes
que je viens d'énumérer sont mauvaises ou elles sont
bonnes. Si elles sont mauvaises, il faut les abandonner ;
si elles sont bonnes, et c'est votre avis, on doit les mettre
immédiatement en pratique. Nous n'avons pas le droit
de faire attendre le peuple qui nous a nommés et l'hu-
manité qui veut enfin jouir de l'ère de prospérité que
nous lui avons si pompeusement annoncée. L'heure n'est
pas encore venue, dites-vous ; il faut attendre, morali-
ser, instruire, etc. Niaiseries que tout cela ! Élevez écoles
sur écoles, instruisez tant que vous voudrez, croyez-vous
que vous arriverez jamais, par exemple, à démontrer à
un propriétaire qu'il doit donner sa propriété et se dé-
pouiller au profit des autres ? Non, mille fois non. D'a-
bord ce n'est pas facile à prouver et ensuite, quelles que
soient les raisons données, il ne les admettra jamais.
Ne tenez donc pas compte de ces difficultés qui ne peuvent et ne doivent nous arrêter et marchez en avant,
sinon cédez vos places à des hommes plus déterminés. »

Devant cette attaque nette, claire, d'une logique irré-
futable, les opportunistes n'ayant pas la foi, refusèrent

de présider à l'ouverture de cette ère de prospérité annoncée depuis si longtemps, et abandonnèrent leurs portefeuilles.

Dès le lendemain, les réformes commençaient. Le pouvoir exécutif et le Sénat étaient supprimés comme étant inutiles. Le président se résigna, les sénateurs voulurent résister, mais on les traita de ramollis, de vieilles ganaches ; pour les consoler on leur donna des places de receveurs et de percepteurs et tout fut dit. La démolition commencée fut continuée avec un entrain et une activité incroyables :

— Les armées permanentes, dit l'un, coûtent des sommes folles, supprimons-les. Qui nous défendra, dit l'autre, contre les invasions étrangères ? Tous les citoyens, fut-il répondu. Ils tourneront leurs poitrines d'hommes libres contre les baïonnettes ennemies.

—Pourvu qu'ils ne tournent pas autre chose, pensa un incrédule !

— A quoi bon discuter et perdre un temps précieux ! s'écria enfin un orateur. Toutes les réformes que nous voulons faire ont été étudiées par nous depuis longtemps, je vais vous les énoncer, et nous les voterons toutes à la fois :

Plus de magistrature : le peuple sera son propre magistrat.

Plus de Dieu : le peuple sera son propre Dieu.

Plus de clergé : le peuple sera son propre prêtre.

Plus de police : le peuple la fera lui-même.

Plus de prolétaires : tout le monde sera propriétaire.

Plus d'héritage : le peuple sera son propre héritier.

— Plus de députés, s'écria une voix de la tribune, le

peuple sera son propre député. Toute l'Assemblée se leva avec indignation, des cris menaçants s'échappèrent de toutes les bouches, le réactionnaire fut saisi et enlevé avec la rapidité de l'éclair.

Le calme se rétablit et l'orateur continua :

— Plus de mariage, on s'accouplera et on se séparera comme on voudra.

Plus de propriété.

— Un instant, interrompit le président, cette question mérite de fixer un moment notre attention, non pas que la suppression demandée ne soit logique et rationnelle, mais il nous faut prévoir tous les obstacles qui vont se présenter quand nous voudrons passer à la pratique.

Je suis prêt à répondre à toutes les objections, dit l'honorable préopinant.

— Que ferez-vous de la propriété ?

— Nous donnerons les usines et les machines aux ouvriers, la terre à ceux qui la cultivent.

— Que deviendront les patrons ?

— Ils deviendront ouvriers.

— S'ils refusent ?

— On les fusillera.

— Les propriétaires mécontents auront le même sort, cela va sans dire, mais comment faudra-t-il opérer à l'égard des capitalistes ?

— On mettra la main sur les rentes, sur les chemins de fer, les banques, sur tout, en un mot, et enfin sur les capitalistes eux-mêmes.

— Très bien.

— Mais c'est idiot, ce que vous nous racontez là,

s'écria un ancien ministre opportuniste, jaloux du rôle prépondérant que s'arrogeait l'orateur. Croyez-vous d'abord que les propriétaires se laisseront fusiller ? Ils vous fusilleront aussi avec le plus grand entrain, ce sera une fusillade générale. Qui mettre le holà ?

— Les gendarmes.

— Il n'y en a plus.

— L'armée.

— Il n'y en a plus.

— Le peuple alors, puisqu'il remplace tout.

— Voudra-t-il risquer sa peau pour vous faire plaisir ? C'est au moins douteux. Admettons cependant. Quels sont ceux qui cultivent la terre ?

— Les métayers, les fermiers.

— Non, puisque la plupart, tout en travaillant un peu, se contentent de surveiller leurs domestiques.

— Eh ! bien, on donnera la terre aux domestiques.

— Mais ils changent à chaque instant.

— Eh ! bien, les propriétaires changeront aussi à chaque instant.

— Réfléchissez ! A chaque changement il y aura disputes et batailles sur toute la ligne.

— C'est un détail.

— Et puis vous voulez être justes, n'est-ce pas ?

— Oui.

— Que donnerez-vous donc aux animaux qui cultivent et qui font les trois quarts de la besogne.

— A la porte ! à la porte ! l'opportuniste ! s'écrièrent tous les intransigeants.

En ce moment, un homme grand, maigre, barbu,

qui perchait sur les hauteurs de l'extrême gauche, se fit jour au milieu des combattants, et dominant le tumulte demanda la parole. C'était un personnage fort considéré, il avait passé les trois quarts de son existence en exil ou en prison.

—Eh ! mon Dieu, dit-il sans attendre l'autorisation du président qui ne présidait pas, pourquoi insulter, menacer l'honorable préopinant ? Il a raison, la solution que vous voulez donner à la question est peu pratique. Au lieu de diviser ou plutôt de redonner la propriété, mettez en commun tous les biens meubles et immeubles, et de cette manière hommes et bêtes seront contents.

L'Assemblée émerveillée décréta avec enthousiasme, avec délire, le divin collectivisme.

— De plus, ajouta le vieux philosophe socialiste, pourquoi ne penser qu'à nous, pourquoi ne pas songer à ce sexe aimable auquel nous devons la plus grande partie de nos jouissances terrestres ? Qu'il soit dit que sous notre administration éclairée on a enfin rendu justice à cette partie de l'espèce humaine si longtemps opprimée. Reconnaissons donc aux femmes et le droit d'électeurs et le droit d'êtres élues.

Cette seconde proposition, faite en aussi bons termes, ne pouvait manquer d'être accueillie ; elle fut votée avec le même entrain que la première.

— Qu'on vienne donc dire maintenant, disait un député à l'un de ses collègues, en sortant de la Chambre, que nous ne faisons que parler ! En deux heures nous venons de remanier de fond en comble et les institutions et l'administration du pays.

Hélas ! quoi qu'on fasse, il y a toujours des mécontents ; les propriétaires et les patrons déclarèrent carrément que l'Assemblée, bien qu'elle fût issue du suffrage universel, était atteinte d'aliénation mentale et de folie furieuse. Ils refusèrent d'obéir et se réunirent en armes dans plusieurs provinces. Ils avaient servi tous plus ou moins la Patrie, et l'avaient défendue contre l'étranger au péril de leur vie, il était donc tout naturel qu'ils fussent bien autrement résolus à sacrifier leur existence, pour conserver leurs biens et les transmettre à leurs descendants. Ils s'organisèrent militairement, devant le péril commun toute rivalité disparut, ils se donnèrent pour chefs de vieux officiers expérimentés, et deux mois après ils formaient une armée solide et parfaitement équipée. Cette armée opérait à la façon des Normands de Guillaume le Conquérant : aussitôt qu'elle s'était emparée d'un ville ou d'une province, elle lui donnait un commandant militaire et une organisation, et se portait ensuite en avant. L'Assemblée envoya des délégués pour essayer de faire rentrer les rebelles dans le devoir. Ces derniers coiffèrent les ambassadeurs de bonnets d'ânes, leur mirent en main des marottes de fous et les renvoyèrent aux députés. On se vengea en fusillant quelques propriétaires, les rebelles répondirent en pendant tous les radicaux qui leur tombèrent sous la main. C'était la guerre sauvage dans toute sa beauté. On ne se mangeait pas, il est vrai, mais cela tenait tout simplement à ce que l'on ne s'aimait pas assez, ou, si vous aimez mieux, car ce jeu de mot est affreux, à ce que le progrès n'était pas complet, et qu'il restait encore quelques vieux préjugés à déraciner.

Pendant ce temps, la pauvre République se trouvait dans le plus grand désarroi. Il n'y avait plus d'administration, plus de police, plus d'armée. Les petits propriétaires campagnards s'étaient d'abord tenus sur la réserve, espérant s'arrondir aux dépens de ceux qui avaient pris les armes ; quand ils virent que non seulement on ne leur donnait rien, mais qu'on voulait de plus mettre leurs champs dans la grande marmite commune, ils s'armèrent à leur tour et reçurent à coups de fourches et à coups de fusils, les percepteurs et tous ceux qui leur parlaient du divin collectivisme.

Toutefois les ouvriers étaient nombreux, fidèles, on les réunit et on en forma une armée. Il partirent en entonnant un hymne patriotique qui, malgré sa beauté, était devenu, à force d'être hurlé, plutôt que chanté, à la fois ridicule et agaçant. Ils ne tardèrent pas à rencontrer l'ennemi, la bataille s'engagea immédiatement, quelques radicaux se firent tuer avec le plus grand courage, car le courage est de toutes les opinions, mais la plupart, sans organisation, sans commandement, sans convictions même, ne firent qu'une très faible résistance. La défaite fut complète, le carnage immense, car, suivant l'usage, on ne fit aucun prisonnier. Les vainqueurs vinrent camper à deux jours de marche de la capitale.

Ce fut en ce moment que notre lieutenant, qui avait débarqué sur le territoire de la République athénienne, obtint l'autorisation de visiter les *pays rouges* et il put même assister à une séance de l'Assemblée radicale.

Cette Assemblée avait une physionomie singulière, elle présentait un agréable mélange d'hommes et de femmes, l'élément féminin prédominait même. Les députées, si l'on peut s'exprimer ainsi, étaient toutes jeunes et jolies. Depuis la nouvelle loi, elles avaient battu leurs concurrents masculins haut la main : elles disposaient en effet de moyens, avouables ou non, contre lesquels les hommes pouvaient difficilement lutter. Aussi leurs collègues, sauf les plus jeunes, sentant leur influence très compromise, commençaient à trouver que l'on s'était un peu trop pressé de proclamer l'émancipation de la femme; leur animosité n'attendait qu'une occasion pour se faire jour.

On devait commencer la séance par discuter une diminution proposée par les citoyennes sur les patentes des coiffeurs et des couturières. « Il s'agit bien de coiffeurs et de coiffures! s'écria un vieil avocat retors et radical. Discuter une diminution d'impôts quand il est impossible d'en faire rentrer un seul est une mauvaise plaisanterie. La patrie est en danger! l'ennemi est à nos portes! il nous faut une armée! Les ouvriers qui sont revenus de la dernière bataille sont tous plus ou moins écharpés, et de plus tellement découragés qu'ils refusent de retourner au combat. Un seul moyen nous reste, c'est de leur faire honte en faisant marcher les citoyennes en avant. » Un cri d'indignation s'éleva de toutes les poitrines féminines. Une jeune et forte femme se précipita à la tribune et se fit l'interprète du sexe faible. « Eh! morbleu! que nous racontez-vous là, reprit le vieux radical, après l'avoir écoutée un instant. Vous débile! vous faible! mais vous êtes bâtie comme un carabinier. Vous nous avez pris nos places de médecins, d'avocats, de députés, etc., vous ne voulez plus soigner le pot-au-feu, vous ne voulez plus raccommoder nos chaussettes, élever nos marmots, en un mot, vous vous êtes substituées aux hommes, vous en avez tous les avantages, il faut aussi en prendre les charges et les inconvénients. D'ailleurs, ajouta-t-il habilement, il ne s'agit pas de vous toutes ici présentes, vous représentez le peuple, par suite votre place est dans l'Assemblée. C'est à vos compagnes à donner l'exemple du patriotisme, et quand elles marcheront, tout le monde marchera. »

La loi fut votée, les femmes furent enrôlées et mises en avant. Elles partirent sans aucune protestation : elles avaient leur idée. Dès qu'elles furent en présence des rebelles, elles quittèrent leurs jupons, les mirent au bout de leurs baïonnettes, et avec ce drapeau parlementaire d'un nouveau genre, elles se rendirent aux avant-postes ennemis. Le drapeau n'était pas toujours très blanc, mais en campagne la lessive n'est pas obligatoire ; leur intention fut comprise, et elles se constituèrent prisonnières. On les désarma, on leur rendit leurs jupons, et on les mit immédiatement en liberté. Après s'être engagées sur l'honneur à ne plus servir pendant toute la campagne, serment qu'on ne leur demandait pas, mais qu'elles voulurent absolument faire, elles rentrèrent dans leurs pénates, déclarant *urbi et orbi* que les rebelles étaient charmants et très bien élevés. Ce fut le coup de grâce, la République radicale en mourut. Notre héros avait regagné son ancien domicile un peu avant ces derniers événements. Ses hommes et lui regrettaient déjà depuis longtemps la mère patrie, et pour la revoir, ils étaient décidés à risquer une seconde fois leur vie. Ils demandèrent à partir, l'autorisation leur fut gracieusement accordée, on leur rendit le ballon et on mit à leur disposition tout ce dont ils pouvaient avoir besoin. Pendant qu'ils faisaient leurs préparatifs, le lieutenant reçut la visite de l'ancien monarque qu'il avait déjà eu l'occasion de voir plusieurs fois. Au lieu du jeune homme gai, insouciant, qu'il avait connu, il avait devant lui un homme grave et triste.

— Vous partez? lui dit l'ex-souverain.

— Oui, dans quelques jours.

— Pourriez-vous m'emmener ?

— Sans doute, mais pourquoi quitter votre pays ?

— Peut-on se fier à vous?

— Assurément.

— Eh! bien, écoutez: la République radicale est morte, la République athénienne peut vivre, toutefois elle roule déjà sur une pente glissante, je doute, j'ai peur, et je ne veux pas être couronné une seconde fois.

— Une couronne cependant n'a rien de bien effrayant.

— Cela dépend de la couronne ; quand elle est d'épines, il n'y a guère que le Fils d'un Dieu qui ose la mettre sur sa tête.

— Soit. Je vous suis tout dévoué, sire, mais comprenez ma position. J'ai été reçu dans ce pays à bras ouverts, je ne voudrais pas avoir l'air de vous enlever. Obtenez l'assentiment du Gouvernement, et moi et mes hommes nous sommes à votre entière disposition.

— C'est dit.

Le roi partit enchanté. Les nouvelles autorités auxquelles il portait ombrage donnèrent l'assentiment demandé avec enthousisme, il n'avait plus qu'à faire ses malles. Hélas ! il avait compté sans sa femme.

Perdre son époux, c'était perdre couronne, palais, équipages, honneurs, toutes choses qui, selon elle, étaient sur le point de lui être rendues. Elle réunit une foule de conservateurs et vint avec eux surprendre le roi au milieu de ses préparatifs de départ. Elle se jeta à son cou, l'arrosa de ses larmes, pria, supplia, tandis que les conservateurs rappelaient au prince la promesse publique qu'il avait faite. Que vouliez-vous qu'il fît contre tous ? Le pauvre homme se résigna.

Nos marins partirent donc sans leur royal compagnon. Ils retrouvèrent leur courant circulaire, et après une heureuse traversée, ils débarquèrent en Amérique et de là revinrent en France.

Le premier soin de notre lieutenant fut de raconter son voyage, ses amis l'écoutèrent avec surprise, puis le regardèrent avec inquiétude. Quelques jours après, plusieurs médecins vinrent le visiter. Il comprit qu'on était sur le point de l'enfermer dans une maison d'aliénés, il se le tint pour dit, acheta une maison, cultiva son jardin, et ne fit désormais le récit de ses aventures qu'à quelques privilégiés comme nous.

Il ne nous reste plus qu'à souhaiter un voyage aussi heureux au commandant anglais Cheyne et à le prier de nous rapporter des nouvelles de la République athénienne du pôle nord.

Niherne, 20 janvier 1880.

Châteauroux. — Typographie et Stéréotypie A. Nuret et Fils.